This journal belongs to:

_____

year: _____   to year: _____

January 1

Year

_____

_____

_____

Year

_____

_____

_____

Year

_____

_____

_____

Year

_____

_____

_____

Year

_____

_____

_____

January 2

Year

_____

Year

_____

Year

_____

Year

_____

Year

_____

January 3

Year

Year

Year

Year

Year

Year

_____

_____

_____

_____

Year

_____

_____

_____

_____

Year

_____

_____

_____

_____

Year

_____

_____

_____

_____

Year

_____

_____

_____

_____

Year
_____
_____
_____
_____

Year
_____
_____
_____
_____

Year
_____
_____
_____
_____

Year
_____
_____
_____
_____

Year
_____
_____
_____
_____

Year
_____
_____
_____
_____

Year
_____
_____
_____
_____

Year
_____
_____
_____
_____

Year
_____
_____
_____
_____

Year
_____
_____
_____
_____

January 7

Year
_____
_____
_____
_____

Year
_____
_____
_____
_____

Year
_____
_____
_____
_____

Year
_____
_____
_____
_____

Year
_____
_____
_____
_____

January 8

Year

Year

Year

Year

Year

Year

_____

Year

_____

Year

_____

Year

_____

Year

_____

January 10

Year
_____
_____
_____
_____

Year
_____
_____
_____
_____

Year
_____
_____
_____
_____

Year
_____
_____
_____
_____

Year
_____
_____
_____
_____

January 11

Year

Year

Year

Year

Year

January 12

Year

Year

Year

Year

Year

January 13

Year

Year

Year

Year

Year

January 14

Year

_____

_____

_____

_____

Year

_____

_____

_____

_____

Year

_____

_____

_____

_____

Year

_____

_____

_____

_____

Year

_____

_____

_____

_____

January 15

Year
_____
_____
_____
_____

Year
_____
_____
_____
_____

Year
_____
_____
_____
_____

Year
_____
_____
_____
_____

Year
_____
_____
_____
_____

January 16

Year
_____

Year
_____

Year
_____

Year
_____

Year
_____

Year

Year

Year

Year

Year

January 18

Year

Year

Year

Year

Year

January 19

Year

Year

Year

Year

Year

Year
_____
_____
_____
_____

Year
_____
_____
_____
_____

Year
_____
_____
_____
_____

Year
_____
_____
_____
_____

Year
_____
_____
_____
_____

Year
_____
_____
_____
_____

Year
_____
_____
_____
_____

Year
_____
_____
_____
_____

Year
_____
_____
_____
_____

Year
_____
_____
_____
_____

January 22

Year
_____
_____
_____
_____

Year
_____
_____
_____
_____

Year
_____
_____
_____
_____

Year
_____
_____
_____
_____

Year
_____
_____
_____
_____

Year
_____
....
_____
....
_____

Year
_____
....
_____
....
_____

Year
_____
....
_____
....
_____

Year
_____
....
_____
....
_____

Year
_____
....
_____
....
_____

Year
_____

_____

_____

_____

Year
_____

_____

_____

_____

Year
_____

_____

_____

_____

Year
_____

_____

_____

_____

Year
_____

_____

_____

_____

Year
_____
_____
_____
_____

Year
_____
_____
_____
_____

Year
_____
_____
_____
_____

Year
_____
_____
_____
_____

Year
_____
_____
_____
_____

January 26

Year

Year

Year

Year

Year

Year

_____

Year

_____

Year

_____

Year

_____

Year

_____

January 28

Year
_____

Year
_____

Year
_____

Year
_____

Year
_____

January 29

Year

Year

Year

Year

Year

January 30

Year
_____

Year
_____

Year
_____

Year
_____

Year
_____

January 31

Year

Year

Year

Year

Year

Year

_____

Year

_____

Year

_____

Year

_____

Year

_____

February 2

Year

Year

Year

Year

Year

Year

Year

Year

Year

Year

February 4

Year

Year

Year

Year

Year

February 5

Year

Year

Year

Year

Year

February 6

Year
_____

Year
_____

Year
_____

Year
_____

Year
_____

February 7

Year

Year

Year

Year

Year

Year
_____

Year
_____

Year
_____

Year
_____

Year
_____

February 9

Year

Year

Year

Year

Year

February 10

Year
_____
_____
_____
_____

Year
_____
_____
_____
_____

Year
_____
_____
_____
_____

Year
_____
_____
_____
_____

Year
_____
_____
_____
_____

February 11

Year

Year

Year

Year

Year

February 12

Year

_____
_____
_____
_____

Year

_____
_____
_____
_____

Year

_____
_____
_____
_____

Year

_____
_____
_____
_____

Year

_____
_____
_____
_____

February 13

Year

Year

Year

Year

Year

February 14

Year
_____

Year
_____

Year
_____

Year
_____

Year
_____

February 15

Year

_____

_____

_____

_____

Year

_____

_____

_____

_____

Year

_____

_____

_____

_____

Year

_____

_____

_____

_____

Year

_____

_____

_____

_____

Year

_____

Year

_____

Year

_____

Year

_____

Year

_____

February 17

Year
_____
_____
_____
_____

Year
_____
_____
_____
_____

Year
_____
_____
_____
_____

Year
_____
_____
_____
_____

Year
_____
_____
_____
_____

February 18

Year
_____
_____
_____
_____

Year
_____
_____
_____
_____

Year
_____
_____
_____
_____

Year
_____
_____
_____
_____

Year
_____
_____
_____
_____

February 19

Year
_____

Year
_____

Year
_____

Year
_____

Year
_____

Year

_____

Year

_____

Year

_____

Year

_____

Year

_____

February 21

Year

Year

Year

Year

Year

Year
_____
_____
_____
_____

Year
_____
_____
_____
_____

Year
_____
_____
_____
_____

Year
_____
_____
_____
_____

Year
_____
_____
_____
_____

February 23

Year

Year

Year

Year

Year

February 24

Year
_____
_____
_____
_____

Year
_____
_____
_____
_____

Year
_____
_____
_____
_____

Year
_____
_____
_____
_____

Year
_____
_____
_____
_____

February 25

Year

Year

Year

Year

Year

February 26

Year

Year

Year

Year

Year

February 27

Year

Year

Year

Year

Year

February 28

Year

Year

Year

Year

Year

February 29

Year

Year

Year

Year

Year

Year

Year

Year

Year

Year

Year
_____
_____
_____
_____

Year
_____
_____
_____
_____

Year
_____
_____
_____
_____

Year
_____
_____
_____
_____

Year
_____
_____
_____
_____

Year
_____

Year
_____

Year
_____

Year
_____

Year
_____

Year

_____

_____

_____

_____

Year

_____

_____

_____

_____

Year

_____

_____

_____

_____

Year

_____

_____

_____

_____

Year

_____

_____

_____

_____

March 5

Year

Year

Year

Year

Year

Year

Year

Year

Year

Year

Year

_____

_____

_____

_____

Year

_____

_____

_____

_____

Year

_____

_____

_____

_____

Year

_____

_____

_____

_____

Year

_____

_____

_____

_____

Year
_____

Year
_____

Year
_____

Year
_____

Year
_____

March 9

Year

Year

Year

Year

Year

Year
_____
_____
_____
_____

Year
_____
_____
_____
_____

Year
_____
_____
_____
_____

Year
_____
_____
_____
_____

Year
_____
_____
_____
_____

Year

_____

Year

_____

Year

_____

Year

_____

Year

_____

Year
_____

Year
_____

Year
_____

Year
_____

Year
_____

Year

Year

Year

Year

Year

Year
_____
_____
_____

Year
_____
_____
_____

Year
_____
_____
_____

Year
_____
_____
_____

Year
_____
_____
_____

March 15

Year

Year

Year

Year

Year

March 16

Year
_____

Year
_____

Year
_____

Year
_____

Year
_____

Year

_____

_____

_____

Year

_____

_____

_____

Year

_____

_____

_____

Year

_____

_____

_____

Year

_____

_____

_____

March 18

Year
_____
_____
_____
_____

Year
_____
_____
_____
_____

Year
_____
_____
_____
_____

Year
_____
_____
_____
_____

Year
_____
_____
_____
_____

March 19

Year

_____

Year

_____

Year

_____

Year

_____

Year

_____

Year

Year

Year

Year

Year

Year

_____
_____
_____
_____

Year

_____
_____
_____
_____

Year

_____
_____
_____
_____

Year

_____
_____
_____
_____

Year

_____
_____
_____
_____

March 22

Year

Year

Year

Year

Year

March 23

Year

_____

Year

_____

Year

_____

Year

_____

Year

_____

Year

Year

Year

Year

Year

Year

Year

Year

Year

Year

Year
_____

_____

Year
_____

_____

Year
_____

_____

Year
_____

_____

Year
_____

_____

Year
_____
_____
_____
_____

Year
_____
_____
_____
_____

Year
_____
_____
_____
_____

Year
_____
_____
_____
_____

Year
_____
_____
_____
_____

March 28

Year

Year

Year

Year

Year

March 29

Year

Year

Year

Year

Year

Year
_____

Year
_____

Year
_____

Year
_____

Year
_____

Year

_____

Year

_____

Year

_____

Year

_____

Year

_____

Year

Year

Year

Year

Year

Year
_____

Year
_____

Year
_____

Year
_____

Year
_____

Year
_____

Year
_____

Year
_____

Year
_____

Year
_____

Year

Year

Year

Year

Year

April 5

Year

Year

Year

Year

Year

Year
_____
_____
_____
_____

Year
_____
_____
_____
_____

Year
_____
_____
_____
_____

Year
_____
_____
_____
_____

Year
_____
_____
_____
_____

Year
_____

Year
_____

Year
_____

Year
_____

Year
_____

Year

Year

Year

Year

Year

Year

Year

Year

Year

Year

Year
_____
_____
_____
_____

Year
_____
_____
_____
_____

Year
_____
_____
_____
_____

Year
_____
_____
_____
_____

Year
_____
_____
_____
_____

Year

Year

Year

Year

Year

Year
_____
_____
_____
_____

Year
_____
_____
_____
_____

Year
_____
_____
_____
_____

Year
_____
_____
_____
_____

Year
_____
_____
_____
_____

Year

Year

Year

Year

Year

Year

Year

Year

Year

Year

Year
_____
_____
_____
_____

Year
_____
_____
_____
_____
_____

Year
_____
_____
_____
_____

Year
_____
_____
_____
_____

Year
_____
_____
_____
_____

Year

Year

Year

Year

Year

April 17

Year

Year

Year

Year

Year

Year

_____

_____

_____

_____

Year

_____

_____

_____

_____

Year

_____

_____

_____

_____

Year

_____

_____

_____

_____

Year

_____

_____

_____

_____

Year

_____

Year

_____

Year

_____

Year

_____

Year

_____

April 20

Year

Year

Year

Year

Year

Year
_____

_____

_____

_____

Year
_____

_____

_____

_____

Year
_____

_____

_____

_____

Year
_____

_____

_____

_____

Year
_____

_____

_____

_____

Year
_____
_____
_____
_____

Year
_____
_____
_____
_____

Year
_____
_____
_____
_____

Year
_____
_____
_____
_____

Year
_____
_____
_____
_____

Year

_____

Year

_____

Year

_____

Year

_____

Year

_____

Year

Year

Year

Year

Year

Year
_____
_____
_____
_____

Year
_____
_____
_____
_____

Year
_____
_____
_____
_____

Year
_____
_____
_____
_____

Year
_____
_____
_____
_____

Year

Year

Year

Year

Year

Year
_____
_____
_____
_____

Year
_____
_____
_____
_____

Year
_____
_____
_____
_____

Year
_____
_____
_____
_____

Year
_____
_____
_____
_____

Year

Year

Year

Year

Year

Year

Year

Year

Year

Year

Year

_____

_____

_____

_____

Year

_____

_____

_____

_____

Year

_____

_____

_____

_____

Year

_____

_____

_____

_____

Year

_____

_____

_____

_____

Year
_____
_____
_____
_____

Year
_____
_____
_____
_____

Year
_____
_____
_____
_____

Year
_____
_____
_____
_____

Year
_____
_____
_____
_____

May 2

Year
_____

Year
_____

Year
_____

Year
_____

Year
_____

Year
_____
_____
_____
_____

Year
_____
_____
_____
_____

Year
_____
_____
_____
_____

Year
_____
_____
_____
_____

Year
_____
_____
_____
_____

May 4

Year

Year

Year

Year

Year

Year

Year

Year

Year

Year

Year
_____
_____
_____
_____

Year
_____
_____
_____
_____

Year
_____
_____
_____
_____

Year
_____
_____
_____
_____

Year
_____
_____
_____
_____

May 7

Year
_____
_____
_____
_____

Year
_____
_____
_____
_____

Year
_____
_____
_____
_____

Year
_____
_____
_____
_____

Year
_____
_____
_____
_____

Year
_____
_____
_____
_____

Year
_____
_____
_____
_____

Year
_____
_____
_____
_____

Year
_____
_____
_____
_____

Year
_____
_____
_____
_____

May 9

Year _____

_____
_____
_____

Year _____

_____
_____
_____

Year _____

_____
_____
_____

Year _____

_____
_____
_____

Year _____

_____
_____
_____

Year
_____
_____
_____
_____

Year
_____
_____
_____
_____

Year
_____
_____
_____
_____

Year
_____
_____
_____
_____

Year
_____
_____
_____
_____

May 11

Year
_____
_____
_____
_____

Year
_____
_____
_____
_____

Year
_____
_____
_____
_____

Year
_____
_____
_____
_____

Year
_____
_____
_____
_____

Year
_____

_____

_____

_____

Year
_____

_____

_____

_____

Year
_____

_____

_____

_____

Year
_____

_____

_____

_____

Year
_____

_____

_____

_____

May 13

Year
_____

_____

_____

_____

Year
_____

_____

_____

_____

Year
_____

_____

_____

_____

Year
_____

_____

_____

_____

Year
_____

_____

_____

_____

Year
_____
_____
_____
_____

Year
_____
_____
_____
_____

Year
_____
_____
_____
_____

Year
_____
_____
_____
_____

Year
_____
_____
_____
_____

May 15

Year

Year

Year

Year

Year

Year

Year

Year

Year

Year

Year

Year

Year

Year

Year

May 18

Year

Year

Year

Year

Year

Year
_____
_____
_____
_____

Year
_____
_____
_____
_____

Year
_____
_____
_____
_____

Year
_____
_____
_____
_____

Year
_____
_____
_____
_____

Year
_____

Year
_____

Year
_____

Year
_____

Year
_____

May 21

Year

Year

Year

Year

Year

Year
_____
_____
_____
_____

Year
_____
_____
_____
_____

Year
_____
_____
_____
_____

Year
_____
_____
_____
_____

Year
_____
_____
_____
_____

May 23

Year

Year

Year

Year

Year

Year

_____
_____
_____
_____

Year

_____
_____
_____
_____

Year

_____
_____
_____
_____

Year

_____
_____
_____
_____

Year

_____
_____
_____
_____

Year

Year

Year

Year

Year

Year

Year

Year

Year

Year

May 27

Year

Year

Year

Year

Year

Year

_____
_____
_____
_____

Year

_____
_____
_____
_____

Year

_____
_____
_____
_____

Year

_____
_____
_____
_____

Year

_____
_____
_____
_____

Year
_____
_____
_____
_____

Year
_____
_____
_____
_____

Year
_____
_____
_____
_____

Year
_____
_____
_____
_____

Year
_____
_____
_____
_____

May 30

Year
_____

Year
_____

Year
_____

Year
_____

Year
_____

May 31

Year

Year

Year

Year

Year

Year

Year

Year

Year

Year

June 2

Year

Year

Year

Year

Year

June 3

Year
_____

Year
_____

Year
_____

Year
_____

Year
_____

June 4

Year

_____

Year

_____

Year

_____

Year

_____

Year

_____

Year

_____

_____

_____

_____

Year

_____

_____

_____

_____

Year

_____

_____

_____

_____

Year

_____

_____

_____

_____

Year

_____

_____

_____

_____

June 6

Year
_____
_____
_____

Year
_____
_____
_____

Year
_____
_____
_____

Year
_____
_____
_____

Year
_____
_____
_____

June 7

Year

Year

Year

Year

Year

June 8

Year

Year

Year

Year

Year

June 9

Year

Year

Year

Year

Year

June 10

Year

Year

Year

Year

Year

Year
_____
_____
_____
_____

Year
_____
_____
_____
_____

Year
_____
_____
_____
_____

Year
_____
_____
_____
_____

Year
_____
_____
_____
_____

June 12

Year

Year

Year

Year

Year

Year

Year

Year

Year

Year

Year

Year

Year

Year

Year

June 15

Year

Year

Year

Year

Year

Year
_____
_____
_____
_____

Year
_____
_____
_____
_____

Year
_____
_____
_____
_____

Year
_____
_____
_____
_____

Year
_____
_____
_____
_____

June 17

Year
_____
_____
_____
_____

Year
_____
_____
_____
_____

Year
_____
_____
_____
_____

Year
_____
_____
_____
_____

Year
_____
_____
_____
_____

Year

Year

Year

Year

Year

June 19

Year

Year

Year

Year

Year

Year

Year

Year

Year

Year

Year

Year

Year

Year

Year

June 22

Year

_____

Year

_____

Year

_____

Year

_____

Year

_____

Year
_____
_____
_____
_____

Year
_____
_____
_____
_____

Year
_____
_____
_____
_____

Year
_____
_____
_____
_____

Year
_____
_____
_____
_____

June 24

Year
_____

Year
_____

Year
_____

Year
_____

Year
_____

Year

_____

_____

_____

Year

_____

_____

_____

Year

_____

_____

_____

Year

_____

_____

_____

Year

_____

_____

_____

Year
_____
_____
_____
_____

Year
_____
_____
_____
_____

Year
_____
_____
_____
_____

Year
_____
_____
_____
_____

Year
_____
_____
_____
_____

Year
_____
_____
_____
_____

Year
_____
_____
_____
_____

Year
_____
_____
_____
_____

Year
_____
_____
_____
_____

Year
_____
_____
_____
_____

June 28

Year

_____
_____
_____
_____

Year

_____
_____
_____
_____

Year

_____
_____
_____
_____

Year

_____
_____
_____
_____

Year

_____
_____
_____
_____

June 29

Year

Year

Year

Year

Year

Year

_____

_____

_____

Year

_____

_____

_____

Year

_____

_____

_____

Year

_____

_____

_____

Year

_____

_____

_____

Year

Year

Year

Year

Year

Year
_____
_____
_____
_____

Year
_____
_____
_____
_____

Year
_____
_____
_____
_____

Year
_____
_____
_____
_____

Year
_____
_____
_____
_____

Year
_____
_____
_____

Year
_____
_____
_____

Year
_____
_____
_____

Year
_____
_____
_____

Year
_____
_____
_____

July 4

Year

Year

Year

Year

Year

Year
_____
....
....
_____
....

Year
_____
....
....
_____
....

Year
_____
....
....
_____
....

Year
_____
....
....
_____
....

Year
_____
....
....
_____
....

Year
_____

Year
_____

Year
_____

Year
_____

Year
_____

Year

_____

_____

_____

_____

Year

_____

_____

_____

_____

Year

_____

_____

_____

_____

Year

_____

_____

_____

_____

Year

_____

_____

_____

_____

July 8

Year

Year

Year

Year

Year

July 9

Year
_____
_____
_____
_____

Year
_____
_____
_____
_____

Year
_____
_____
_____
_____

Year
_____
_____
_____
_____

Year
_____
_____
_____
_____

Year

Year

Year

Year

Year

July 11

Year

Year

Year

Year

Year

Year
_____

Year
_____

Year
_____

Year
_____

Year
_____

Year

Year

Year

Year

Year

July 14

Year
_____
_____
_____
_____

Year
_____
_____
_____
_____

Year
_____
_____
_____
_____

Year
_____
_____
_____
_____

Year
_____
_____
_____
_____

Year

Year

Year

Year

Year

Year

_____
_____
_____
_____

Year

_____
_____
_____
_____

Year

_____
_____
_____
_____

Year

_____
_____
_____
_____

Year

_____
_____
_____
_____

Year

Year

Year

Year

Year

July 18

Year

Year

Year

Year

Year

July 19

Year

Year

Year

Year

Year

Year

Year

Year

Year

Year

July 21

Year
_____
_____
_____
_____

Year
_____
_____
_____
_____

Year
_____
_____
_____
_____

Year
_____
_____
_____
_____

Year
_____
_____
_____
_____

Year
_____
_____
_____
_____

Year
_____
_____
_____
_____

Year
_____
_____
_____
_____

Year
_____
_____
_____
_____

Year
_____
_____
_____
_____

Year

Year

Year

Year

Year

Year
_____
_____
_____
_____

Year
_____
_____
_____
_____

Year
_____
_____
_____
_____

Year
_____
_____
_____
_____

Year
_____
_____
_____
_____

Year

Year

Year

Year

Year

Year

Year

Year

Year

Year

Year

Year

Year

Year

Year

July 28

Year
_____
_____
_____
_____

Year
_____
_____
_____
_____

Year
_____
_____
_____
_____

Year
_____
_____
_____
_____

Year
_____
_____
_____
_____

Year
_____
_____
_____
_____

Year
_____
_____
_____
_____

Year
_____
_____
_____
_____

Year
_____
_____
_____
_____

Year
_____
_____
_____
_____

July 30

Year
_____

Year
_____

Year
_____

Year
_____

Year
_____

July 31

Year

Year

Year

Year

Year

Year

Year

Year

Year

Year

August 2

Year

_____

Year

_____

Year

_____

Year

_____

Year

_____

Year

Year

Year

Year

Year

Year

Year

Year

Year

Year

Year

Year

Year

Year

Year

Year

Year

Year

Year

Year

Year

Year

Year

Year

Year

Year
_____
....
_____
....

Year
_____
....
_____
_____

Year
_____
_____
....
_____

Year
_____
_____
_____
....

Year
_____
_____
....
....

Year
_____

Year
_____

Year
_____

Year
_____

Year
_____

Year

Year

Year

Year

Year

August 11

Year

Year

Year

Year

Year

Year

_____

_____

_____

_____

Year

_____

_____

_____

_____

Year

_____

_____

_____

_____

Year

_____

_____

_____

_____

Year

_____

_____

_____

_____

Year

_____

_____

_____

_____

Year

_____

_____

_____

_____

Year

_____

_____

_____

_____

Year

_____

_____

_____

_____

Year

_____

_____

_____

_____

Year

_____

Year

_____

Year

_____

Year

_____

Year

_____

Year
_____
_____
_____
_____

Year
_____
_____
_____
_____

Year
_____
_____
_____
_____

Year
_____
_____
_____
_____

Year
_____
_____
_____
_____

Year

Year

Year

Year

Year

Year

Year

Year

Year

Year

Year

_____

Year

_____

Year

_____

Year

_____

Year

_____

Year

Year

Year

Year

Year

Year
_____

Year
_____

Year
_____

Year
_____

Year
_____

Year

_____

Year

_____

Year

_____

Year

_____

Year

_____

Year
_____

Year
_____

Year
_____

Year
_____

Year
_____

Year

_____

_____

_____

_____

Year

_____

_____

_____

_____

Year

_____

_____

_____

_____

Year

_____

_____

_____

_____

Year

_____

_____

_____

_____

Year

Year

Year

Year

Year

Year

Year

Year

Year

Year

August 26

Year

Year

Year

Year

Year

August 27

Year
_____
_____
_____
_____

Year
_____
_____
_____
_____

Year
_____
_____
_____
_____

Year
_____
_____
_____
_____

Year
_____
_____
_____
_____

Year
_____
_____
_____
_____

Year
_____
_____
_____
_____

Year
_____
_____
_____
_____

Year
_____
_____
_____
_____

Year
_____
_____
_____
_____

Year
_____
_____
_____
_____

Year
_____
_____
_____
_____

Year
_____
_____
_____
_____

Year
_____
_____
_____
_____

Year
_____
_____
_____
_____

Year

Year

Year

Year

Year

Year
_____
_____
_____
_____

Year
_____
_____
_____
_____

Year
_____
_____
_____
_____

Year
_____
_____
_____
_____

Year
_____
_____
_____
_____

Year
_____
_____
_____
_____
_____

Year
_____
_____
_____
_____
_____

Year
_____
_____
_____
_____
_____

Year
_____
_____
_____
_____
_____

Year
_____
_____
_____
_____
_____

September 2

Year

Year

Year

Year

Year

September 3

Year

Year

Year

Year

Year

September 4

Year

_____

_____

_____

_____

Year

_____

_____

_____

_____

Year

_____

_____

_____

_____

Year

_____

_____

_____

_____

Year

_____

_____

_____

_____

September 5

Year

Year

Year

Year

Year

September 6

Year
_____
_____
_____
_____

Year
_____
_____
_____
_____

Year
_____
_____
_____
_____

Year
_____
_____
_____
_____

Year
_____
_____
_____
_____

September 7

Year

Year

Year

Year

Year

September 8

Year
_____
_____
_____
_____

Year
_____
_____
_____
_____

Year
_____
_____
_____
_____

Year
_____
_____
_____
_____

Year
_____
_____
_____
_____

September 9

Year

Year

Year

Year

Year

Year

_____

Year

_____

Year

_____

Year

_____

Year

_____

September 11

Year

Year

Year

Year

Year

September 12

Year
_____
_____
_____
_____

Year
_____
_____
_____
_____

Year
_____
_____
_____
_____

Year
_____
_____
_____
_____

Year
_____
_____
_____
_____

September 13

Year

Year

Year

Year

Year

Year

_____
_____
_____
_____

Year

_____
_____
_____
_____

Year

_____
_____
_____
_____

Year

_____
_____
_____
_____

Year

_____
_____
_____
_____

Year

_____

_____

_____

_____

Year

_____

_____

_____

_____

Year

_____

_____

_____

_____

Year

_____

_____

_____

_____

Year

_____

_____

_____

_____

September 16

Year

Year

Year

Year

Year

September 17

Year

Year

Year

Year

Year

Year

Year

Year

Year

Year

September 19

Year

Year

Year

Year

Year

September 20

Year
_____
_____
_____
_____

Year
_____
_____
_____
_____

Year
_____
_____
_____
_____

Year
_____
_____
_____
_____

Year
_____
_____
_____
_____

September 21

Year

Year

Year

Year

Year

Year

Year

Year

Year

Year

September 23

Year

Year

Year

Year

Year

September 24

Year
_____

Year
_____

Year
_____

Year
_____

Year
_____

Year

Year

Year

Year

Year

September 26

Year

Year

Year

Year

Year

Year

Year

Year

Year

Year

September 28

Year

Year

Year

Year

Year

September 29

Year

Year

Year

Year

Year

September 30

Year
_____
_____
_____
_____

Year
_____
_____
_____
_____

Year
_____
_____
_____
_____

Year
_____
_____
_____
_____

Year
_____
_____
_____
_____

Year
_____

Year
_____

Year
_____

Year
_____

Year
_____

Year

_____

Year

_____

Year

_____

Year

_____

Year

_____

Year

Year

Year

Year

Year

Year

Year

Year

Year

Year

Year

Year

Year

Year

Year

Year

Year

Year

Year

Year

Year

Year

Year

Year

Year

October 8

Year
_____
_____
_____
_____

Year
_____
_____
_____
_____

Year
_____
_____
_____
_____

Year
_____
_____
_____
_____

Year
_____
_____
_____
_____

Year
_____

Year
_____

Year
_____

Year
_____

Year
_____

Year
_____
_____
_____
_____

Year
_____
_____
_____
_____

Year
_____
_____
_____
_____

Year
_____
_____
_____
_____

Year
_____
_____
_____
_____

October 11

Year

Year

Year

Year

Year

Year

Year

Year

Year

Year

October 13

Year
_____
_____
_____
_____

Year
_____
_____
_____
_____

Year
_____
_____
_____
_____

Year
_____
_____
_____
_____

Year
_____
_____
_____
_____

October 14

Year

Year

Year

Year

Year

October 15

Year

Year

Year

Year

Year

Year
_____

Year
_____

Year
_____

Year
_____

Year
_____

October 17

Year

Year

Year

Year

Year

October 18

Year

Year

Year

Year

Year

October 19

Year

Year

Year

Year

Year

October 20

Year
_____
_____
_____
_____

Year
_____
_____
_____
_____

Year
_____
_____
_____
_____

Year
_____
_____
_____
_____

Year
_____
_____
_____
_____

Year
_____
_____
_____
_____

Year
_____
_____
_____
_____

Year
_____
_____
_____
_____

Year
_____
_____
_____
_____

Year
_____
_____
_____
_____

October 22

Year
_____

Year
_____

Year
_____

Year
_____

Year
_____

October 23

Year

Year

Year

Year

Year

October 24

Year
_____

Year
_____

Year
_____

Year
_____

Year
_____

Year

Year

Year

Year

Year

October 26

Year

Year

Year

Year

Year

October 27

Year

Year

Year

Year

Year

October 28

Year
_____

Year
_____

Year
_____

Year
_____

Year
_____

October 29

Year
_____
_____
_____
_____

Year
_____
_____
_____
_____

Year
_____
_____
_____
_____

Year
_____
_____
_____
_____

Year
_____
_____
_____
_____

October 30

Year

Year

Year

Year

Year

October 31

Year

Year

Year

Year

Year

November 1

Year

Year

Year

Year

Year

November 2

Year
_____

Year
_____

Year
_____

Year
_____

Year
_____

November 3

Year
_____
_____
_____
_____

Year
_____
_____
_____
_____

Year
_____
_____
_____
_____

Year
_____
_____
_____
_____

Year
_____
_____
_____
_____

November 4

Year

Year

Year

Year

Year

Year

_____

_____

_____

_____

Year

_____

_____

_____

_____

Year

_____

_____

_____

_____

Year

_____

_____

_____

_____

Year

_____

_____

_____

_____

November 6

Year

_____
_____
_____
_____

Year

_____
_____
_____
_____

Year

_____
_____
_____
_____

Year

_____
_____
_____
_____

Year

_____
_____
_____
_____

November 7

Year

Year

Year

Year

Year

Year

Year

Year

Year

Year

November 9

Year

Year

Year

Year

Year

Year

Year

Year

Year

Year

November 11

Year

Year

Year

Year

Year

Year
_____
_____
_____
_____

Year
_____
_____
_____
_____

Year
_____
_____
_____
_____

Year
_____
_____
_____
_____

Year
_____
_____
_____
_____

November 13

Year

Year

Year

Year

Year

Year

Year

Year

Year

Year

November 15

Year

Year

Year

Year

Year

November 16

Year
_____
_____
_____
_____

Year
_____
_____
_____
_____

Year
_____
_____
_____
_____

Year
_____
_____
_____
_____

Year
_____
_____
_____
_____

Year
_____

Year
_____

Year
_____

Year
_____

Year
_____

November 18

Year

Year

Year

Year

Year

Year
_____

Year
_____

Year
_____

Year
_____

Year
_____

November 20

Year
_____

Year
_____

Year
_____

Year
_____

Year
_____

Year

Year

Year

Year

Year

Year
_____

_____

_____

Year
_____

_____

_____

Year
_____

_____

_____

Year
_____

_____

_____

Year
_____

_____

_____

November 23

Year

_____

Year

_____

Year

_____

Year

_____

Year

_____

November 24

Year
_____
....
_____
_____
_____

Year
_____
....
_____
_____
_____

Year
_____
....
_____
_____
_____

Year
_____
....
_____
_____
_____

Year
_____
....
_____
_____
_____

November 25

Year

Year

Year

Year

Year

November 26

Year
_____
_____
_____
_____

Year
_____
_____
_____
_____

Year
_____
_____
_____
_____

Year
_____
_____
_____
_____

Year
_____
_____
_____
_____

Year
_____

Year
_____

Year
_____

Year
_____

Year
_____

November 28

Year
_____

Year
_____

Year
_____

Year
_____

Year
_____

Year
_____
_____
_____
_____

Year
_____
_____
_____
_____

Year
_____
_____
_____
_____

Year
_____
_____
_____
_____

Year
_____
_____
_____
_____

November 30

Year
_____

Year
_____

Year
_____

Year
_____

Year
_____

December 1

Year

_____
_____
_____
_____

Year

_____
_____
_____
_____

Year

_____
_____
_____
_____

Year

_____
_____
_____
_____

Year

_____
_____
_____
_____

December 2

Year
_____

Year
_____

Year
_____

Year
_____

Year
_____

December 3

Year

Year

Year

Year

Year

December 4

Year
_____
_____
_____
_____

Year
_____
_____
_____
_____

Year
_____
_____
_____
_____

Year
_____
_____
_____
_____

Year
_____
_____
_____
_____

December 5

Year
_____

Year
_____

Year
_____

Year
_____

Year
_____

December 6

Year

Year

Year

Year

Year

December 7

Year

Year

Year

Year

Year

December 8

Year

Year

Year

Year

Year

December 9

Year
_____
_____
_____
_____

Year
_____
_____
_____
_____

Year
_____
_____
_____
_____

Year
_____
_____
_____
_____

Year
_____
_____
_____
_____

December 10

Year

_____

_____

_____

_____

Year

_____

_____

_____

_____

Year

_____

_____

_____

_____

Year

_____

_____

_____

_____

Year

_____

_____

_____

_____

December 11

Year
_____

Year
_____

Year
_____

Year
_____

Year
_____

Year
_____

Year
_____

Year
_____

Year
_____

Year
_____

December 13

Year

Year

Year

Year

Year

December 14

Year

_____

Year

_____

Year

_____

Year

_____

Year

_____

December 15

Year
_____

Year
_____

Year
_____

Year
_____

Year
_____

December 16

Year

Year

Year

Year

Year

December 17

Year
_____

Year
_____

Year
_____

Year
_____

Year
_____

Year
_____

_____

_____

_____

Year
_____

_____

_____

_____

Year
_____

_____

_____

_____

Year
_____

_____

_____

_____

Year
_____

_____

_____

_____

December 19

Year

_____

Year

_____

Year

_____

Year

_____

Year

_____

December 20

Year
_____

Year
_____

Year
_____

Year
_____

Year
_____

December 21

Year

_____

Year

_____

Year

_____

Year

_____

Year

_____

December 22

Year
_____
_____
_____
_____

Year
_____
_____
_____
_____

Year
_____
_____
_____
_____

Year
_____
_____
_____
_____

Year
_____
_____
_____
_____

December 23

Year

_____

_____

_____

_____

_____

Year

_____

_____

_____

_____

_____

Year

_____

_____

_____

_____

_____

Year

_____

_____

_____

_____

_____

Year

_____

_____

_____

_____

_____

December 24

Year
_____
_____
_____
_____

Year
_____
_____
_____
_____

Year
_____
_____
_____
_____

Year
_____
_____
_____
_____

Year
_____
_____
_____
_____

December 25

Year
_____

Year
_____

Year
_____

Year
_____

Year
_____

December 26

Year
_____
_____
_____
_____

Year
_____
_____
_____
_____

Year
_____
_____
_____
_____

Year
_____
_____
_____
_____

Year
_____
_____
_____
_____

December 27

Year

Year

Year

Year

Year

December 28

Year
_____

Year
_____

Year
_____

Year
_____

Year
_____

December 29

Year
_____

Year
_____

Year
_____

Year
_____

Year
_____

December 30

Year

Year

Year

Year

Year

December 31

Year

Year

Year

Year

Year

Favorite Memories

Date	Date	Date	Date

Made in the USA
Las Vegas, NV
16 December 2024

14472040R00203